T'es-tu déjà demandé...

Qui a découvert l'eau d'érable ?

Ce sont les **Amérindiens**
du nord-est de l'Amérique
qui ont découvert qu'on pouvait
récolter l'eau d'érable
et la transformer en sirop.
Ils ont transmis leur savoir-faire
aux premiers colons arrivés
en Nouvelle-France. @

> **Amérindiens :**
> le terme « Amérindiens » désigne
> tous les Indiens des Amériques,
> à l'exception des Inuits.

- Quand l'eau d'érable commence-t-elle à couler ? @
- À quelle vitesse la sève coule-t-elle ? @
- Combien d'entailles peut-on faire dans le même arbre ? @
- Est-ce qu'on récolte l'eau d'érable ailleurs qu'au Québec ? @

Il existe plusieurs histoires
qui racontent
la découverte de l'eau d'érable.

Celle que tu vas lire
dans les pages suivantes
s'inspire d'une légende.
Elle explique pourquoi
les Amérindiens fabriquent
amoureusement
le délicieux sucre d'érable.

Elle s'intitule :

Mon petit cœur, sucré

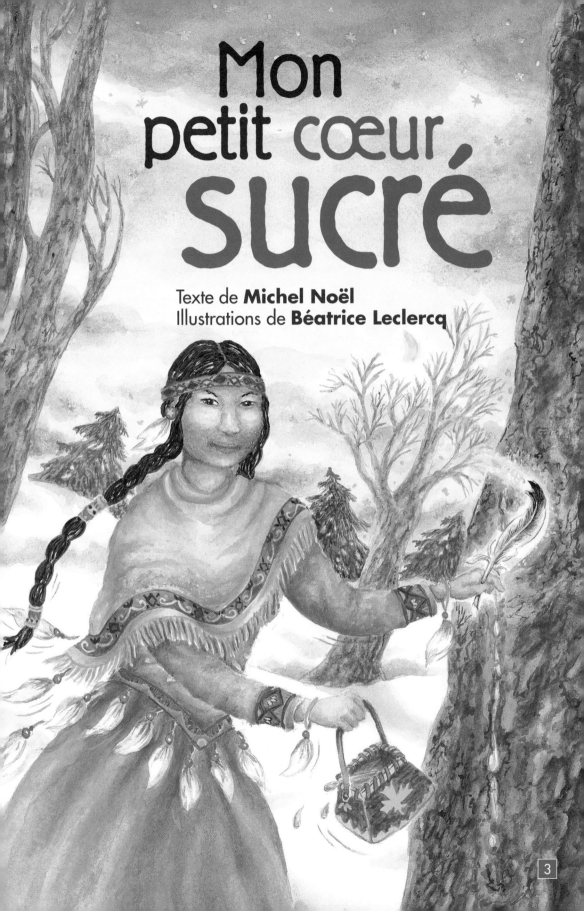

Mon petit cœur sucré

Texte de **Michel Noël**
Illustrations de **Béatrice Leclercq**

Au clair de lune,
Sigwan rentre chez lui.
Il est tard. Il décide
de prendre un raccourci
à travers la forêt.
Le risque est grand.
La neige feuilletée
du printemps
sera-t-elle assez solide
pour le supporter?
Sigwan quitte le sentier
bien tracé et s'aventure
sur la surface gelée.

Sigwan:
Sigwan est le nom
que les peuples algonquiens
donnent au printemps.

4

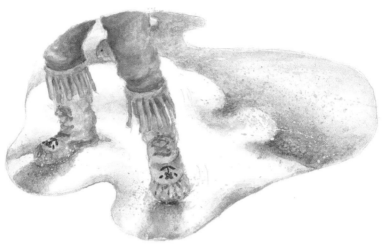

Il fait un pas : ça va.
Un deuxième : ça tient bon.
Ses **mukluks** foulent la neige…
CROUCH…
CROUCH…
CROUCH…
Sigwan entend l'eau
du ruisseau
qui gargouille
sous la mince couche
de glace transparente.
« L'hiver tire à sa fin »,
pense-t-il.

mukluks :
les mukluks sont des bottes d'hiver
sans talon qui couvrent la jambe
jusqu'au genou.

Un lièvre se prépare à dormir.
Il tape son **terrier** de ses pattes arrière.
Deux écureuils se querellent
pour une histoire de noisettes.
Il y aura de la casse.
Cette vie forestière semble
bien normale à Sigwan.

terrier :
le terrier est l'abri du lièvre.

Tout à coup le jeune garçon perçoit
des sons qui l'intriguent.
Des froissements, des piétinements,
des murmures glissent
entre les branches givrées :

AWAWA...
AWAWA...

« Qui peut bien chantonner
au cœur de la forêt
à une heure aussi tardive ? »
se demande-t-il.

HOU HOU HOU HOU

– Ah ! que je suis bête. C'est un hibou.
Mon imagination me joue des tours.
Dans l'air frisquet de la nuit,
la mélodie monte,
chaude et **envoûtante**.
D'étranges odeurs sucrées flottent
autour de Sigwan.
Elles lui chatouillent les narines.

envoûtante :
quand une mélodie
a pour effet de charmer,
on dit qu'elle est envoûtante.

La curiosité de Sigwan est piquée.
Il se glisse entre les capuchons
de neige. L'idée d'un fantôme,
un **Wendigo**, lui frôle l'esprit.
Il la chasse aussitôt.
Un ruban de lune trace
un long sentier scintillant
à travers la forêt.
Sigwan le suit des yeux.

Wendigo :
chez les Algonquiens,
Wendigo est un ogre.

– Oh !
Sigwan aperçoit une jeune fille lumineuse.
Elle a le teint foncé et elle est vêtue
d'une robe en peau de daim.
– Awazibi !
Sigwan a reconnu la déesse de l'eau.
Elle danse autour d'un vieil érable
en fredonnant :

AWAWA... AWAWA...

La jeune fille brandit
une longue plume d'aigle.
Dans l'autre main,
elle tient un petit **casseau**
fait d'écorce de bouleau.
Elle effleure de sa plume
le tronc des arbres.
Aussitôt, il en sort
des gouttes de sève.

casseau :
casseau est un vieux mot français.
Les Amérindiens l'utilisent eux
aussi pour désigner un panier.

Toute la nuit,
Sigwan observe Awazibi
butiner d'un arbre à l'autre
pour recueillir l'eau magique.
Soudain, elle file à cheval
sur un rayon de lune.
Puis elle s'installe dans le ciel
où elle étincelle
parmi les dernières étoiles
jusqu'à ce que le jour se lève.

butiner :
butiner signifie aller recueillir quelque chose
d'un endroit à l'autre en voltigeant.

Sigwan se frotte les yeux. Il se pince.
A-t-il bien vu? A-t-il bien entendu?
C'est le **coup de foudre**.
Son cœur bat très fort:
– Je veux la revoir
pour lui déclarer mon amour.
Mais comment m'y prendre?

coup de foudre:
le coup de foudre est la sensation forte
d'être tout à coup amoureux.

Le jeune garçon mijote un plan.
Les jours suivants, du matin au soir,
il entaille les érables.
Il enfonce les **goutterelles**.
Chaussé de ses raquettes,
il court l'érablière.
Comme Awazibi,
il recueille l'eau magique.

goutterelles :
les goutterelles sont des planchettes
en forme de V qui dirigent la sève
vers un récipient.

Au pied du plus bel érable,
Sigwan dépose un petit tonneau
plein de sève.
C'est un cadeau
qu'il a confectionné
dans de l'écorce de bouleau.
Il l'a décoré de lunes,
d'étoiles et de cœurs.

C'est la pleine lune.
Sigwan se dissimule
sous les branches
d'un sapin. Il attend.
Au tout début de la nuit,
Awazibi apparaît.
Elle est ravissante
et son chant est doux
comme la brise du printemps.
Pendant qu'elle effectue
sa promenade nocturne,
elle **bute** sur le beau tonneau.

bute :
on dit qu'on bute
sur quelque chose,
quand on la frappe du pied.

– Oh! Qu'est-ce que c'est? s'étonne-t-elle.
Sigwan s'avance. Il est ému :
– C'est moi, Sigwan. J'ai cueilli pour vous
la sève vive et sucrée des érables.
Qu'en ferez-vous maintenant?

– Je la transformerai
en cristaux dorés.
Ils feront briller
tous les astres de l'univers,
répond Awazibi.

Les nuits suivantes,
l'amour grandit
entre Sigwan et Awazibi.
Mais la lune entre
dans son **dernier croissant**.
Les érables ne coulent plus.

dernier croissant:
le dernier croissant est la période
du mois où la lune ne montre
qu'une petite partie de sa moitié gauche.

Le temps des sucres est fini.
En se séparant, les amoureux jurent
de se retrouver dans l'**érablière**
au printemps suivant.
Avant de disparaître,
Awazibi caresse Sigwan
du bout de sa plume enchantée.
Elle lui souffle à l'oreille :
– Mon doux Sigwan, mon petit cœur sucré !

érablière :
les bois où de nombreux érables fournissent de la sève
que l'on transforme sont appelés érablières.

Autrefois, les Amérindiens utilisaient les objets suivants pour récolter l'eau d'érable et la transformer en sirop :

1 Une hache

On se servait de la hache pour entailler l'écorce de l'arbre.

3 Un récipient

En suivant la goutterelle, l'eau tombait directement dans un récipient en écorce de bouleau posé sur le sol.

2 Une goutterelle

La goutterelle en bois de **cèdre** avait la forme d'une gouttière. On l'enfonçait dans l'entaille afin de recueillir l'eau d'érable.

> **cèdre :**
> le cèdre est un arbre de la famille des conifères appelé aussi thuya.

4 Des pierres

Les **Algonquiens** plongeaient des pierres rougies au feu dans le récipient pour faire bouillir l'eau d'érable. @

> **Algonquiens :**
> Les Algonquiens se déplaçaient constamment pour se nourrir. Ils suivaient la migration des animaux.

5 Un pot

Chez les **Iroquoiens**, on faisait bouillir l'eau d'érable dans un pot de terre cuite posé directement sur le feu. @

> **Iroquoiens :**
> les Iroquoiens ne se déplaçaient pas pour se nourrir. Ils cultivaient le maïs, la courge, la fève et le tabac.

6 Une écumoire

L'écumoire servait à enlever la mousse à la surface du liquide bouillant. @

7 Une spatule de bois

On remuait le liquide bouillant en se servant d'une spatule de bois.

À la Maison des cultures amérindiennes, la cueillette
et la transformation de l'eau d'érable s'effectuent
au son du tambour et des chants traditionnels.

La Maison des cultures amérindiennes est située
au flanc du mont Saint-Hilaire, au Québec. @

Les arbres sont entaillés au début du
printemps, selon la méthode ancestrale.

> **ancestrale :**
> La méthode ancestrale est celle que les anciens
> utilisaient il y a très longtemps.

On suspend un chaudron de métal rempli
d'eau d'érable au-dessus d'un feu de bois.

On surveille la transformation de l'eau d'érable en brassant sans arrêt. Le sirop est prêt quand la sève colle à la spatule.

On utilise aussi une spatule de bois percée d'un trou. Après avoir plongé la spatule dans le liquide bouillant, on souffle dedans. Si un filet de bulles se forme, le sirop est prêt.

Pour obtenir de la tire, on poursuit la cuisson. On verse une petite quantité de liquide sur la neige. Dès que le liquide fige, la tire est prête à être dégustée.

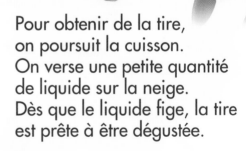

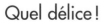

Quel délice !

Le temps des sucres

Dans les érablières du Québec, on célèbre chaque année le temps des sucres. @

Cette tradition remonte aux premiers temps de la colonie. À cette époque, on recueillait l'eau d'érable dans des seaux en bois appelés baquets. @

On transportait les baquets en les suspendant à un **joug**.

joug :
le joug est une pièce de bois qu'on porte sur les épaules.

Les chaudières de fer-blanc sont apparues vers 1850. Quand elles étaient remplies d'eau d'érable, on les vidait dans un tonneau tiré par un cheval. @

Les temps ont bien changé...

Dans les érablières modernes, la sève est aspirée de l'arbre et dirigée vers le réservoir de la cabane à sucre grâce à un système de tubulure. @

... les goutterelles aussi !

Les planchettes de bois **1** ont été successivement remplacées par des lames en fer-blanc **2**, des petits tubes de bois **3**, de métal **4**, de plastique **5**. @

Les Amérindiens savaient qu'il fallait retirer l'eau de la sève pour qu'elle se transforme en sirop.
Ils versaient l'eau d'érable dans un **auget** et la laissaient geler toute la nuit. Au matin, il enlevaient la couche de glace qui s'était formée sur le dessus. Ils recommençaient nuit après nuit, jusqu'à ce que la sève ait épaissi. Il ne restait plus qu'à la faire bouillir quelques minutes. @

auget :
bûche de bois creusée pour recevoir la sève de l'érable.

Il faut 40 litres d'eau d'érable pour obtenir 1 litre de sirop.
Mais à mesure que la saison avance, la quantité de sucre contenu dans l'eau d'érable diminue. En fin de saison, il faut jusqu'à **50 litres** d'eau d'érable pour produire **1 litre** de sirop ! @

Avec le thermomètre, on peut mesurer la température de l'eau d'érable à chaque étape de sa transformation. @

Quand le thermomètre indique 104 °C, l'eau d'érable se transforme en sirop.

Quand le thermomètre indique 112 °C, le sirop se transforme en tire.

Quand le thermomètre indique 120 °C la tire se transforme en sucre.

On peut aussi fabriquer du sirop en faisant bouillir l'eau de bouleau. L'eau de bouleau produit un sirop au goût plus fort et moins sucré que celui de l'eau d'érable. @

Des points communs

Le drapeau du Canada, le côté pile de la pièce de monnaie canadienne de 1 cent et l'équipe de hockey Maple Leafs de Toronto ont un point commun.
La feuille d'érable y apparaît. @

L'érable rouge et l'érable à sucre produisent tous deux de la sève.
La sève de l'érable rouge est deux fois moins sucrée que celle de l'érable à sucre. On en tire un sirop plus pâle.
Ces deux érables se distinguent par la forme et la couleur de leurs feuilles. @

La feuille de l'érable à sucre
a des **lobes** courts et arrondis.
À l'automne, elle jaunit.

La feuille de l'érable rouge
a des **lobes** pointus et dentelés.
À l'automne, elle rougit.

> **lobe:**
> le lobe est la division de la feuille.

Ce sont les Amérindiens qui ont inventé les délicieux cornets de tire.

Ces cônes en écorce de bouleau appelés pignoches ont inspiré la création des cônes en gaufrette utilisés aujourd'hui.

Les mokuks ont été les premiers moules à sucre. Ils étaient fabriqués en écorce de bouleau et assemblés avec de la racine de cèdre. Les Amérindiens y conservaient le sucre d'érable. Les plus grands pouvaient contenir jusqu'à 15 kilos de sucre !

Des jeux pour observer

1 Le temps des sucres est arrivé quand il fait 2°C ou plus le jour et -3°C ou moins la nuit. D'après ce tableau, quand devras-tu entailler les érables?

Date	Température à midi	Température le soir
1er mars	- 2 °C	- 8 °C
2 mars	0 °C	- 6 °C
3 mars	+ 2 °C	0 °C
4 mars	+ 3 °C	- 4 °C
5 mars	+ 2 °C	- 5 °C
6 mars	+ 5 °C	- 3 °C

2 Parmi les objets suivants, choisis ceux qui te serviront à recueillir l'eau d'érable selon la méthode amérindienne ancestrale.

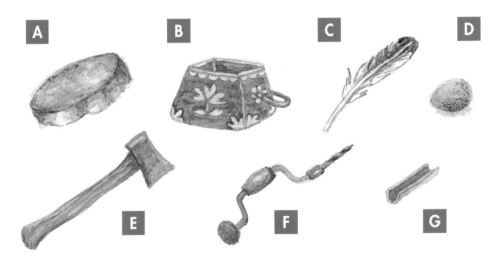

A B C D E F G

3 Choisis la vignette qui montre la quantité de sirop obtenue avec l'eau d'érable que tu as recueillie.

1

2

4 Un seul de ces trois thermomètres indique que la tire est prête. Lequel ?

1 104°C

2 112°C

3 120°C

Réponds par VRAI ou FAUX aux affirmations suivantes.

(Sers-toi du numéro de page indiqué pour vérifier ta réponse)

1 Ce sont les premiers colons arrivés en Nouvelle-France qui ont découvert qu'on pouvait récolter l'eau d'érable. (p. 1)

2 Les premières goutterelles avaient la forme d'une gouttière. (p. 20)

3 Les Iroquoiens faisaient rougir des pierres au feu pour faire bouillir l'eau d'érable. (p. 21)

4 En soufflant dans une spatule de bois percée d'un trou, on peut vérifier si le sirop est prêt. (p. 23)

5 Les chaudières de fer-blanc utilisées pour recueillir l'eau d'érable sont apparues vers 1850. (p. 24)

6 Le sirop de bouleau a un goût plus fort et moins sucré que le sirop d'érable. (p. 27)

7 Les mokuks sont les ancêtres des cônes en gaufrette utilisés aujourd'hui. (p. 29)

École Jean Leman
4 ave Champagne
Candiac, Qué.
J5R 4W3